侯雯　牛爱军 ○ 编著

大舞

人民邮电出版社

北京

图书在版编目（CIP）数据

大舞 / 侯雯，牛爱军编著. -- 北京 ：人民邮电出
版社，2024. -- （国术健身）. -- ISBN 978-7-115
-64710-8

Ⅰ. G852.9

中国国家版本馆 CIP 数据核字第 2024DY3227 号

免责声明

本书内容旨在为大众提供有用的信息。所有材料（包括文本、图形和图像）仅供参考，不能替代医疗诊断、建议、治疗或来自专业人士的意见。所有读者在需要医疗或其他专业协助时，均应向专业的医疗保健机构或医生进行咨询。作者和出版商都已尽可能确保本书技术上的准确性以及合理性，并特别声明，不会承担由于使用本出版物中的材料而遭受的任何损伤所直接或间接产生的与个人或团体相关的一切责任、损失或风险。

内 容 提 要

本书从"什么是大舞""为什么练大舞"和"怎么练大舞"三个角度出发，对大舞的起源、特点和习练要领进行了介绍，对大舞的健身作用进行了解析，对大舞的基本功与功法套路的练习方法进行了讲解。

在功法套路的讲解部分，本书不仅通过真人连拍图对动作步骤进行了展示，还对练习的基本要求、功理作用、呼吸方式和易犯错误进行了讲解。此外，本书免费提供了大舞的在线学练视频，旨在帮助读者降低学习难度，提升练习效果。无论是大舞的学习者，还是教授者，都可从本书受益。

◆ 编　著　侯　雯　牛爱军
责任编辑　王若璇
责任印制　彭志环

◆ 人民邮电出版社出版发行　　北京市丰台区成寿寺路 11 号
邮编　100164　电子邮件　315@ptpress.com.cn
网址　https://www.ptpress.com.cn
北京宝隆世纪印刷有限公司印刷

◆ 开本：700×1000　1/16
印张：6　　　　　　　　　　　　　2024 年 9 月第 1 版
字数：64 千字　　　　　　　　　　2024 年 9 月北京第 1 次印刷

定价：35.00 元

读者服务热线：(010)81055296　印装质量热线：(010)81055316
反盗版热线：(010)81055315
广告经营许可证：京东市监广登字 20170147 号

壹·源
什么是大舞

贰·因
为什么练大舞

叁·法
怎么练大舞

壹

什么是大舞

源

大舞的起源

成书于战国末年的《吕氏春秋》记载："昔陶唐氏之始，阴多滞伏而湛积，水道壅塞，不行其原，民气郁阏而滞著，筋骨瑟缩不达，故作为舞以宣导之。"宋代罗泌《路史》记载："阴康氏之时，水渎不疏，江不行其原，阴凝而易闭，人既郁于内，膝理滞著而多肿腿，得所以利其关节者，乃制为之舞。教人引舞以利道之，是谓大舞。"唐代王冰在《黄帝内经素问注》中写道："导引，谓摇筋骨，动支节。"这里提到的"摇筋骨，动支节"的导引，就是《抱朴子》中所描述的龙导、虎引、熊经、龟咽、燕飞、蛇屈、鸟伸、猿据、兔惊等各种导引姿势。这些导引姿势源于对飞禽走兽的攀缘、顾盼、跳跃、展翅等动作的模仿，并且被用于疏通气血、活动关节、强身健体，最终实现治疗身体疾病、提升健康水平等目标。

可见，"大舞"是导引术的一种，而导引术萌发于最基本的生产和生活实践活动。据《吕氏春秋》等古籍记载，早在尧帝时代，由于连年的洪水泛滥，人们不得不长期生活在阴冷潮湿的环境中，因此许多人深受包括关节凝滞、肢体肿胀在内的一系列身体健康问题的困扰。在此背景下，人们"故作舞以宣导之"，试图通过"舞"这个运动来疏通气血、舒展筋骨、活动关节，并最终达到治病养生的目的。这种具有"宣导"作用的"舞"，既是导引术的萌芽，又是"大舞"的源头。

汉代文学家傅毅在《舞赋》中写道："修仪操以显志兮，独驰思乎杳冥。在山峨峨，在水汤汤，与志迁化，容不虚生。明诗表指，唱息激昂。气若浮云，志如秋霜。观者增叹，诸工莫当。"这很好地表现了舞者心神自由驰骋，演高山有高山之势，表流水有流水之意，气息遨游像浮云，心志高洁如秋霜。而大舞练习与此有异曲同工之妙。

大舞旨在通过全身心协调一致，做到"形断意连，势断气连""连绵相属，气脉不断"，可谓"韵外之致""言外之意"，既是恢宏的，如昂首托天，直指千里之外；又是蕴藉的，如合掌低眉，心似止水之静；还是飞动的，如仙鹤振翅而起，轻灵飞扬；更是沉实的，如展臂开胯摩肋，劲贯全身。

大舞注重在导引过程中进行心性的修炼，具体体现在集中引导练习者靠亲身实践去体验和感悟动作过程中表现出来的生命美学，悟其内在的意蕴之深、技巧之妙、意境之美。此外，歌以咏言，舞以尽意，正所谓"论其诗不如听其声，听其声不如察其形"。大舞强调练习时从容自得，心志安定，形、态、神、意协调和顺，不被外在环境所影响。

尽管大舞动作看起来似乎没有太大的学习难度，但想要获得更好的练习效果，了解其蕴含的传统文化思想，就必须反复体悟动作与呼吸的配合方式，劲力与技巧的表现时机，心、神、意的协调方法。

大舞的习练要领

|调心|

调心是练习大舞的重要环节，具体包括意念、感觉、情绪等方面的调整。人的思维活动和情绪变化皆能影响五脏六腑的功能，例如怒伤肝、喜伤心、思伤脾、悲伤肺、恐伤肾等。调心就是要把这些不利于身体健康的情绪变化和思想杂念排除，做到恬淡虚无、精神内守，创造一个美好的内环境，以抵御各种外界因素对机体的不良影响。

调心旨在让练习者将注意力集中到身体的某一个部位、某一个动作姿势、某一个意想的事物或某一个动作的过程上来，以不断地摒弃杂念，进入身体和大脑完全放松的入静状态。大脑的入静状态指的是毫无杂念、意识思维活动相对集中，感到十分轻松、舒适、宁静的愉快境界。

这种入静状态能进一步放松机体，促进全身气血流通，从而充分激发并调动人体内在的潜能，对机体的功能紊乱加以调整，保持机体的内部动态平衡。这也是练习大舞能够强身健体、延年益寿的根本原因。

| 调息 |

大舞的呼吸方法主要分为自然呼吸和腹式呼吸（详见"呼吸练习"部分的内容）。其中，逆腹式呼吸（腹式呼吸的其中一种）可以促进胃肠的蠕动，增强人体的吸收、消化能力，既有助于减脂，又有助于治疗便秘，还能强健体魄、平静心情、调节心理。在吸气和呼气结束的时候，保持一下"屏息"的状态，会使膈肌等呼吸肌保持一定的张力，使锻炼效果更好。大舞动作与逆腹式呼吸的配合原则是"起吸落呼、开吸合呼、蓄吸发呼、先吸后呼"。最初进行大舞练习时，应以自然呼吸为主，保持呼吸自然通畅，切不可憋气。随着练习时间的增加，再有意识地逐步过渡到逆腹式呼吸，尤其是加长加深柔缓呼气，使呼吸逐步达到均匀、细深的状态。

| 调身 |

调身即调整身形。古人有云："形不正则气不顺，气不顺则意不宁，意不宁则神散乱。"这充分表达了在习练过程中保持正确的姿势是十分重要的。开始进行大舞练习时，应保持身体的各个部位充分地放松并感到舒适，这里不仅指肌肉的放松，还指精神的放松，同时注意保持头身直立，含胸垂肩，呼吸协调自然。此外，在进行大舞练习时，应特别注意动作的起落、高低、轻重、缓急和虚实，做到不僵不滞，柔和灵活，以达到"引挽腰体，动诸关节，以求难老"的功效。

贰

因

为什么练大舞

宣导气血

强化脊柱

柔筋正骨

宣导气血

动作的正确与否，直接影响到大舞的锻炼效果。要使动作做得正确，首先应了解和掌握基本的手型、步型、桩功的动作特点和注意事项等；其次应清楚每一式动作的结构形式和要求活动的肌肉、关节等；然后明确自己的锻炼进度、运动强度和运动量，做到强度逐渐增加、次数由少到多、时间由短到长，逐渐习惯，逐步适应，不断提升锻炼效果。

大舞练习强调以"内劲"带动肢体，要求"以意领气、以气生劲、以劲达四肢"，改变"气滞血淤"的不健康状态。大舞练习还强调通过意念的运用达到宣导人体气血的效果。用意的强度要适中，达到"意到气到"即可，无须过分意守，以免引起不必要的紧张，正所谓"有意无意是真意""意如清溪淡流"，即强调意念运用的适度。根据"意到则气到，气到则血行"的原理，大舞练习可通过宣导气血，进而强化对应脏腑的功能。

柔筋正骨

缓慢柔和地做动作是保持全身放松的前提，因此，大舞特别强调动作轻盈柔缓，并且强调伴随呼吸进行全身性的、有节律的协调运动。通过呼吸的调整达到身体的放松，首先要排除杂念干扰，达到凝神定意的状态，然后实现肢体的高度放松，去除紧张感。"松"必然伴随着"缓"，缓是指动作缓慢柔和，动作过程中虽然也强调短暂用力，但松是根本，紧是一瞬，过程中应做到松而不懈、紧而不僵。

在动息相随、动缓息长的大舞练习中，全身筋络得以抻拉、经络得以疏通。所谓"骨正筋柔，气血自流"，意思是身体各部位的骨骼、关节只要位置放正，肌肉能够拉伸、舒展，那么身体内部的气血自会流动通达，反过来气血畅达又会促进经络畅通。因此，大舞练习可以有效起到柔筋正骨、疏通经络的作用。

强化脊柱

俗话说，坐有坐相、站有站相。不管是坐还是站，都要挺腰、直背、正脊柱。脊柱保持正常状态是人体自主神经发挥功能的基本条件；一旦椎体发生移位，就有可能直接影响通过的神经，间接影响神经供应的末端器官、肌肉或腺体，从而导致疾病的发生。

练习大舞要求始终百会穴上顶、肩井穴下沉，强调舒胸展体、立身中正，保持脊柱伸展、安舒，尽量减小不必要的负担；同时强调使用逆腹式呼吸，协助身体提高重心，最大限度地减轻脊柱底部的压力。大舞练习中有脊柱踊动的动作，目的是强壮和柔化脊柱。踊动指的是脊柱逐节运动，像波浪一样，从下往上、节节贯穿地运动，这样可有效提高脊柱的韧性、强度和弹性。

叁

法

怎么练大舞

基本功练习

大舞的呼吸方法以自然呼吸为主，兼有腹式呼吸。

自然呼吸 |

自然呼吸，即自身顺其自然地进行呼吸，呼吸过程中不施加任何人为干涉，自由地进行呼吸。在大舞功法练习中，一般保持唇齿自然闭合，用鼻呼吸的自然呼吸方式。呼吸的快、慢、长、短，都依据个人身体情况的改变而改变。

腹式呼吸 |

在腹式呼吸中，练习者可人为控制呼吸的深度和时间，通过膈肌和腹肌的运动，使腹部有规律地起伏，从而达到提升肺通气量和改善内脏功能的目的。

腹式呼吸可分为顺腹式呼吸与逆腹式呼吸两种。

顺腹式呼吸：吸气过程中，腹肌扩张，膈肌下降，腹部充盈气体，小腹逐渐鼓起；呼气过程中，腹肌收紧，膈肌上升，呼出气体。顺腹式呼吸能提升肺通气量。

逆腹式呼吸：吸气过程中，腹肌收紧，膈肌下降，腹腔容积减小；呼气过程中，腹肌放松，膈肌上升，腹腔容积变大。相较于顺腹式呼吸，逆腹式呼吸更能影响内脏器官，改善内脏器官功能。

握
固

一

二

拇指屈曲，抵于无名指指根处，其余四指屈曲握在一起。

自
然
掌

手掌伸出，五指自然伸直，掌心
稍内含。

柳叶掌

手掌伸出，五指自然并拢，掌指指尖留有自然缝隙。

步型练习

并步

双腿自然伸直、靠拢，脚尖向前。

左腿提膝至腹部高度；左脚迈向左前方并落下，右脚跟提起；右脚向右前方迈一步，前脚掌着地，双腿屈膝。

右腿提膝，脚尖向下，左腿伸直；左腿屈膝，右脚向右后方落地；左脚向左后方退一步，前脚掌着地，双腿屈膝。

| 腿法练习 |

提膝蹬腿 |

右腿屈膝，左腿伸直；左腿提膝至胸前，脚尖向下。

左腿向前、向上蹬直；左脚向前落地，脚跟着地，右腿屈膝。

|桩功练习|

无极桩 |

并步站立，双腿靠拢；双臂下垂，手腕放松，双掌自然贴在身体两侧，双肩放松，收下颌；闭唇，舌抵上颌。

抱元（抱球）桩 |

双脚开步站立，距离约同肩宽，双腿屈膝下蹲；双手在身前环抱，指尖相对，环抱高度在肩部和腹部之间（根据功法的不同，环抱高度也会有所差异）。

正面

侧面

升降桩 |

（一）

身体直立，双脚距离约同肩宽；双臂自然贴于身体两侧。

（二）

双臂屈肘，双手摆至腹前，掌心向上，指尖相对。

（三）

双掌缓慢上托至胸部高度。

（四）

双臂内旋，掌心向下。

（五）

双掌缓慢下按至腹前。

扶按桩 |

双脚开步站立，距离大于肩宽，双腿屈膝下蹲；同时双臂稍屈肘，掌心向下，指尖向前，于身体两侧向下按掌至与髋同高。

独立桩 |

一侧腿支撑，脚尖向前，另一侧腿提膝，膝同腰高，脚尖向下；双臂向身体两侧打开，掌心向下，指尖向前。

左式

右式

意念练习

大舞功法练习中，合理运用以下五种意念，有助于集中注意力，功法动作也会更加准确。

意念动作过程 |

即在功法练习的过程中加入意念。将意念集中于动作，合乎练功要领。将意念与动作过程相结合，最终达到形神合一。

意念呼吸 |

即在呼吸中加入意念。将意念集中于对呼吸的调整，使呼吸与动作更好地配合。

意念身体部位 |

即在练功过程中，将意念集中于身体重点部位，使人快速排除杂念，提升动作准确性。意念身体部位有助于充分发挥功法的作用。

存想法 |

即在练功入静时，自己设想某种形象或景象，并将自身融入其中，使这种形象或景象对心理产生影响，进而对生理产生影响，从而起到调节身心的积极作用。

默念字句 |

即在练功过程中，内心默念动作的歌诀，以及每一式动作的名称。这样做有助于排除杂念，将注意力集中于练功，稳定心神。

功法练习

基本要求

一、保持心平气和，双肩放松，腰腹放松。

二、双腿伸直靠拢站立时，保持身体中正挺直。

三、双腿屈膝下蹲时，膝盖向前不要超过脚尖。

四、屈膝下蹲时，收紧臀部肌肉。

（一）

双腿靠拢站立，双臂下垂，手腕放松，双掌自然贴在身体两侧；头颈直立，双肩放松，收下颌；唇轻闭，舌抵上颌。

（二）

两臂屈肘，双手在腹前如抱物，指尖相对，掌心向上。

（三）

双掌继续上托，与膈肌等高。

（四）

手腕外旋，指尖由内转向外，再竖腕，指尖向侧上方，双手距离约与肩同宽，掌心斜向上。

（五）

抬头，目视上方，双手向上弧形抱举。

六

双手继续向上抱举至头顶前上方，双臂稍呈弧形，掌心斜向内；目视上方。

七

双臂在头顶上方内收，掌心斜向下；目视前下方。

双腿屈膝下蹲，膝盖不要超过脚尖，臀部收紧；双手从头顶经身前下按至腹前，距离腹部约 10 厘米，指尖相对，掌心向下。

功法提示	**功理作用**：舒展身体，凝神静气，为专注练功做好身心准备。
	呼　吸：双臂向上抱举时吸气，双掌下按、屈膝下蹲时呼气。
	易犯错误：双手上举时，重心不稳，含胸驼背；屈膝下蹲时，双膝打开。

第一式 昂首势

基本要求

一、 屈膝下蹲时，大腿与水平面夹角约为 45°。

二、 屈膝下蹲时，抬头翘臀，背部反弓，肩胛向中间挤压。

三、 双脚呈马步站立时，脚尖向前，膝盖不要超过脚尖。

四、 双腿下蹲，双臂屈肘，双腕外展时，压腕要充分。

五、 起身动作要缓慢，起身时先放松肩胛，再放松头部、臀部。

六、 身体动作幅度的大小，根据个人身体情况而定。

一

二

接上式。左脚向左迈一步，双脚距离稍大于肩宽，双腿屈膝；双臂向两侧打开。

双腿自然伸直，双臂继续侧举至与肩齐平，两臂外旋，掌心向上。

三

四

双腿屈膝下蹲；双臂屈肘，双腕外展，腕关节约呈 90°；背部反弓，臀部上翘；头部上抬，头部、臀部、双侧肩胛都向中间挤压。

双腿自然伸直，起身，双臂向两侧伸展为侧平举，掌心向上；头部回正。

五

重心右移，左脚向右一步，双腿屈膝并拢。

六

双腿伸直，并步站立；双手从身体两
侧上举至头顶上方，双臂微微屈肘呈
弧形，掌心斜向下。

七

双腿屈膝下蹲；双手下按至
腹前，掌心向下。

八

双腿直然伸直，起身，右脚
向右迈一步；两臂向两侧平
举，掌心向上。

（九）

双腿屈膝下蹲；双臂屈肘，双腕外展，腕关节约呈 90°；背部反弓，臀部上翘；头部上抬，头部、臀部、双侧肩胛都向中间挤压。

（十）

双腿自然伸直，起身，双臂向两侧伸展为侧平举，掌心向上；头部回正。

（十一）

重心左移，右脚向左一步，双腿屈膝并拢。

双腿伸直，并步站立；双手从身体两侧上举至头顶上方，双臂微微屈肘呈弧形，掌心斜向下。

双腿屈膝下蹲；双手下按至腹前，距离腹部约10厘米，掌心向下。

功法提示		
	功理作用：	抬头、背部反弓，可牵拉脊柱，刺激脊柱与胸腔周围的肌肉、软组织的血液循环；屈膝下蹲动作可提升下肢力量与稳定性。
	呼　　吸：	步骤三和步骤九屈膝下蹲、抬头翘臀时呼气；步骤四和步骤十伸膝起立、双臂侧平举时吸气；步骤六和步骤十二双臂上举时吸气；步骤七和步骤十三双腿屈膝、双掌下按时呼气。
	易犯错误：	没有挤压肩胛或挤压肩胛不充分；压腕不充分；双脚呈马步站立时，重心不稳；起身动作太快。

第二式 开胯势

基本要求

一、开胯时，目视顶髋方向。

二、丁步站立，双手与额同高时，掌心相对，拇指距离额头约 5 厘米。

三、开胯时，侧撑的手臂约同肩高，上撑的手臂与水平面夹角约为 45°。

四、向一侧顶髋时，另一侧腿外展要充分，且带有撑力。

五、上步、退步动作要缓慢平稳。

六、身体顶髋、侧屈幅度的大小，应根据个人身体状况而定。

（一）

接上式。重心右移，左腿提膝，脚尖向下，右腿伸直；双臂向两侧打开。

（二）

左腿提膝至腹部高度；双臂继续向两侧打开，直至侧平举，双臂外旋，掌心向上。

（四）

（三）

左脚迈向左前方并落下，左腿屈膝，右脚跟提起；双手从身体两侧向上举起，掌心相对。

右脚向右前方迈一步，双腿屈膝；双臂前臂屈肘下降，双手位于额头侧前方，掌心相对，双掌距离约为20厘米。

五

右脚跟上抬，脚掌碾地，右膝外展，髋部向左顶，重心下降；右臂向右上方约 45°方向打开，左臂向左下方打开，左腕约与肩平；头部左转。

六

左腿稍伸膝，重心稍上升，右膝向左收回，保持前脚掌着地；右臂下降，变为侧平举；头部回正。

（七）

右腿提膝，脚尖向下，左腿伸直；双臂向上举，掌心斜向上。

（八）

双臂继续向头顶收拢，掌心相对；同时左腿屈膝，右脚向右后方落地。

（九）

左脚向左后方退一步，双腿屈膝；双侧前臂屈肘下降，双手位于额头侧前方，掌心相对，双掌距离约为 20 厘米。

国术健身：大舞

（十）

左脚跟上抬，脚掌碾地，左膝外展，髋部向右顶，重心下降；左臂向左上方约45°方向打开，右臂向右下方打开，右腕约与肩平；头部右转。

（十一）

右腿稍伸膝，重心稍上升，左膝向右收回，保持前脚掌着地；左臂下降，变为侧平举；头部回正。

（十二）

左脚向左迈一步，双脚距离略宽于肩，双腿屈膝；两臂保持侧平举。

双腿自然伸直；双手从身体两侧上举至头顶上方，双臂微微屈肘呈弧形，掌心斜向下。

双腿屈膝下蹲；双手下按至腹前，距离腹部约 10 厘米，掌心向下。

功法提示		
功理作用：	髋关节的开合、拧转带动身体多处关节运动，提升关节灵活性，增强下肢力量与稳定性；身体的侧屈、伸展，双臂的左右摆动，充分活动胸腔，加速体内血液循环。	
呼　吸：	步骤二、步骤七提膝，双臂上举时吸气；步骤五、步骤十开胯，重心下降时呼气；步骤十三双臂上举时吸气；步骤十四双腿屈膝、双掌下按时呼气。	
易犯错误：	向一侧顶髋时，另一侧腿没有外展或外展不充分；顶髋动作与上身动作不协调，顶髋太快，注意用尾椎带动腰椎、颈椎逐节伸展，动作柔中带刚。	

第三式 抻腰势

基本要求

一、伸臂、蹬腿抻腰时先向前、向上看，手臂、腿部的动作稳定后，再看向前下方。

二、抻腰时，从腿部到躯干、手臂形成一条直线，且与水平面夹角约为 45°，双手合掌，双掌之间尚有空隙。

三、抻腰时，四肢缓慢用力牵引躯干，躯干松中有紧。

四、抻腰结束，身体后坐时，挺胸、抬头、塌腰、翘臀，前脚勾脚尖。

（一）

接上式。右脚内扣，身体左转；双手在胸前合掌。

（二）

身体继续左转，左脚以脚跟为轴，外旋 90° 完成转体；右腿屈膝，左腿微屈。

右腿伸直，左腿提膝至胸前，
脚尖向下。

左腿向前、向上蹬直，勾脚尖。

左脚向前落地，脚跟着地；右
腿屈膝。

重心前移，左脚落实，左腿屈膝，
右腿蹬伸。

（七）

上身前倾约 45°，双手保持合掌，向前上方约 45° 方向上举，直至手臂伸直；抬头。

（八）

下颌内收，目视前下方；双臂伸直，继续向上伸展牵引身体，双臂内侧贴耳；手臂、躯干、右腿在一条直线上；右脚向后下方牵引身体。

九

右脚提踵，脚趾抓地；双手持
续向前上方牵引身体。

十

右脚跟着地，右腿屈膝，左腿伸直，
脚尖上抬，重心后移，上身直立；
双手保持合掌，屈肘下降。

十一

重心降低，上身前倾约 45°，挺胸，塌腰，背部反弓，臀部上翘；头
部上抬；前脚勾脚尖。

十二

右腿伸膝，上身直立。

十三

左脚内扣约 135°，身体跟随右转。

十四

重心左移，右脚以脚跟为轴，脚尖外旋约 135°，身体右转，右腿微屈，左腿屈膝。

十五

左腿伸直，右腿提膝至胸前。

右腿向前、向上蹬直，勾脚尖。

右脚向前落地，脚跟着地；左腿屈膝。

重心前移，右脚落实，右腿屈膝，左腿蹬伸。

上身前倾约45°，双手保持合掌，向前上方约45°方向上举，直至手臂伸直；抬头。

二十

下颌内收，目视前下方；双臂伸直，继续向上伸展牵引身体，双臂内侧贴耳；手臂、躯干、左腿在一条直线上；左脚向后下方牵引身体。

二十六

左脚提踵，前脚掌着地；双手向前上方牵引身体。

左脚跟着地，左腿屈膝，右腿伸直，脚尖上抬，重心后移，上身直立；双手保持合掌，屈肘下降。

重心降低，上身前倾约 45°，挺胸，塌腰，背部反弓，臀部上翘；头部上抬；前脚勾脚尖。

左腿伸膝，上身直立。

右脚内扣约 135°，身体跟随左转。

左脚外旋，双腿伸直；同时双掌从掌根到掌尖缓慢分开，掌心向下，与胸同高，前臂保持水平。

双腿屈膝，双掌下按至腹前，距离腹部约 10 厘米。

功法提示		
	功理作用：	四肢的牵拉动作可提升四肢关节、脊柱的灵活性，加速脊柱和四肢关节周围肌肉、软组织的血液循环；挺胸抬头、塌腰翘臀等胸背屈伸动作，可提升心肺功能。
	呼　吸：	双臂举向头顶前上方，牵拉抻腰时，吸气，步骤十一、步骤十三结束抻腰、身体后坐时呼气；步骤二十七双腿屈膝下蹲、双掌下按时呼气。
	易犯错误：	抻腰时，从手臂到躯干、腿不是一条直线，且四肢牵拉不充分；抻腰时突然用力，力度过大；上步抻腰时，前后脚在一条直线上，导致重心不稳；抻腰结束后，身体后坐时没有塌腰或塌腰不充分。

第四式 震体势

一、 提膝时，通常膝约同腹高，但也要取决于个人身体状况。提膝后脚趾上翘。

二、 提膝后，脚下落时，顺势放松，用惯性蹬伸。

三、 双手握固时，先屈曲拇指，由小指到食指，逐渐屈曲握固。

四、 提膝、抬臂时，腰部同时向上牵引。

五、 屈膝下蹲，双拳轻叩身体，力度来自两臂内旋下落的惯性。

一

接上式。双腿伸直，双臂从腹前向两侧平举，掌心向下。

二

双腿屈膝，双臂向前、向下画弧，双臂下落约 45° 时，双臂外旋，屈臂内收，掌心向上，呈抱物状，继续下落至腹前；目视双手。

三

双手先屈曲拇指，再由小指到食指，逐渐屈曲握固；目视双手。

四

双拳轻贴于肚脐两侧，拳心向上；目视前方。

五

重心右移，左腿上提，贴近右腿，脚尖向下；双臂内旋，双拳翻转，拳心向下。

右腿伸直，左腿提膝至腹前，脚趾上翘；双手握固，经胸前上举至头部上方，拳心向下；双臂微屈肘呈弧形。

双拳变掌，双臂向身体两侧打开至约与肩平，左腿放松下摆。

八

双臂快速内旋下落，用双手虎口位置轻击大腿外侧；同时左脚快速下摆至稍后位置，脚跟着地。

九

左脚向左迈一步，双臂向两侧上抬约 45°。

十

上身右转，左手向前平举，掌心向上，右手摆向后方。

十一

双手先屈曲拇指，再由小指到食指，逐渐屈曲握固。

十二

双腿屈膝下蹲，左臂屈肘，左拳轻叩下丹田，右臂屈肘，右拳轻叩骶骨。

上身右转约 90°，左臂向右前方上抬，变拳为掌，掌心向上，右臂向右后方伸展，变拳为掌，掌心向上。

上身左转，左臂内旋，掌心向下，向左前方水平抡臂，右手向右前方抡臂。

身体回正，左臂继续抡至身体左侧，右臂向右、向上抡至身体右侧，呈双臂侧平举状态。

十六

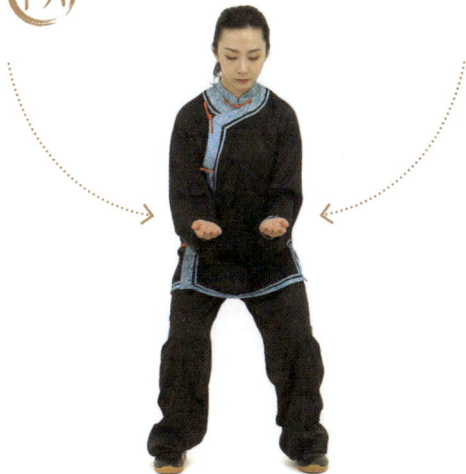

双腿屈膝，双臂向前、向下画弧，双臂下落约 45° 时，双臂外旋，屈臂内收，掌心向上，呈抱物状，继续下落至腹前；目视双手。

十七

双手先屈曲拇指，再由小指到食指，逐渐屈曲握固；目视双手。

十八

双拳轻贴于肚脐两侧，拳心向上；目视前方。

十九

重心左移，右腿上提，贴近左腿，脚尖向下；双臂内旋，双拳翻转，拳心向下。

左腿伸直，右腿提膝至腹前，脚趾上翘；双手握固，经胸前上举至头部上方，拳心向下，双臂微微屈肘呈弧形。

双拳变掌，双臂向身体两侧打开至约与肩平，右腿放松下摆。

双臂快速内旋下落，用双手虎口位置轻击大腿外侧；同时右脚快速下摆至稍后位置，脚跟着地。

二十三

二十四

右脚向右迈一步，双臂向两侧上抬约 45°。

上身左转，右手向前平举，掌心向上，左手摆向后方。

二十五

双手先屈曲拇指，再由小指到食指，逐渐屈曲握固。

双腿屈膝下蹲，右臂屈肘，右拳轻叩下丹田，左臂屈肘，左拳轻叩骶骨。

上身左转约90°，右臂向左前方上抬，变拳为掌，掌心向上，左臂向左后方伸展，变拳为掌，掌心向上。

上身右转，右臂内旋，掌心向下，向右前方水平抡臂，左手向左前方抡臂，掌心向后。

三十九

身体回正，右臂继续抡至身体右侧，左臂向左、向上抡至身体左侧，呈双臂侧平举状态。

三十

双臂外旋，掌心向上，然后双手上举至头顶上方，双臂微微屈肘呈弧形，掌心斜向下。

双腿屈膝，双掌下按至腹前，距离腹部约 10 厘米。

功法提示		
	功理作用：	上身拧转动作提升腰椎灵活性，刺激内脏，提升内脏功能；身体拧转、回正时的惯性，以及四肢屈曲、伸展，可牵拉身体多处关节，使关节更健康。
	呼 吸：	步骤一、步骤十五双臂侧平举时吸气，步骤二、步骤十六屈膝下蹲时呼气；步骤六、步骤二十单腿提膝、双手上举时吸气，步骤八、步骤二十二单腿下落、双手下落时呼气；步骤十、步骤二十四双臂分别前后摆时吸气，步骤十二、步骤二十六双腿屈膝、双拳轻叩身体时呼气。
	易犯错误：	提膝时重心不稳，脚趾未上翘；提起、抬臂时，没有向上牵拉腰部；双手（拳）叩击身体时，双肩紧绷。

第五式 揉脊势

一、揉脊侧屈时，上身与水平面夹角约为 45°，但也要根据个人身体情况而定。

二、揉脊侧屈时，从脚踝到膝盖，到髋部，到肩部，再到左（右）手，逐节引动。

三、侧屈动作要缓慢平稳。

四、左右移步要平稳，脚的起落要轻缓。

（一）

接上式。重心左移，右脚向左迈半步，前脚掌着地；左手摆至身体左侧，与肩等高，掌心向下，肘部打开，右手摆至左胸前，掌心向下；目视左手。

（二）

左腿伸展；左臂向上抬起，掌心向外，右手随左臂向左侧腋下摆动；目光随着左手转动。

（三）

右脚前脚掌着地，脚跟向内拧转，右膝向右旋，髋部向左顶；左臂向右、向下摆，掌心向上，带动上身右倾约45°，从脚踝到膝盖，到髋部，到肩部，再到左手，逐节引动；右掌竖起，掌心向左，使劳宫穴与大包穴同高；头部向右下转。

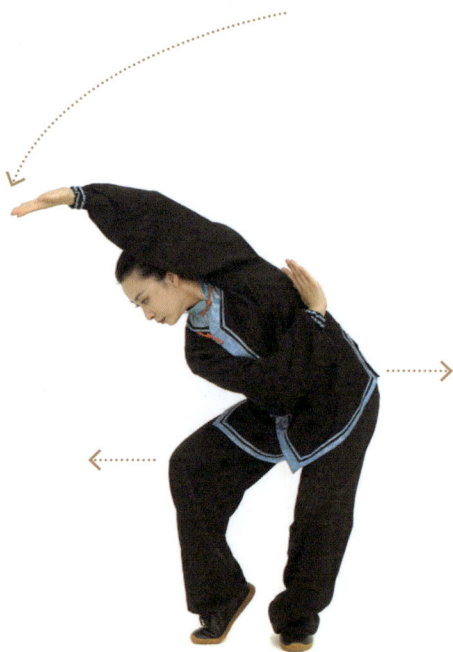

④

上身直立，左臂向上、向左摆，右手向右、向下摆至腹部左前方；头部向左上转，目光随左手转动。

⑤

左腿屈膝，重心下降，右脚向右迈半步，身体回正；左手向右、向下摆至身体左侧，右手向右、向下摆至身体右侧，掌心向下。

⑥

重心右移，左脚向右迈半步，前脚掌着地；右手摆至身体右侧，与肩等高，掌心向下，肘部打开，左手摆至右胸前，掌心向下；目视右手。

右腿伸展；右臂向上抬起，掌心向外，左手随右臂向右侧腋下摆动；目光随着右手转动。

八

左脚前脚掌着地，脚跟向内拧转，左膝向左旋，髋部向右顶；右臂向左、向下摆，掌心向上，带动上身左倾约45°，从脚踝到膝盖，到髋部，到肩部，再到右手，逐节引动；左掌竖起，掌心向右，使劳宫穴与大包穴同高；头部向左下转。

九

上身直立，右臂向上、向右摆，左手向左、向下摆至腹部右前方；头部向右上转，目光随右手转动。

十

重心左移，左脚向左迈半步，身体回正；右臂向右、向下摆至平举状态，左臂向左、向上摆至平举状态，双臂外旋，掌心向上。

双腿伸膝直立，双手上举至头顶上方，双臂微微屈肘呈弧形，掌心斜向下。

双腿屈膝，双掌下按至腹前，距离腹部约 10 厘米。

功法提示	**功理作用：** 身体的侧屈、伸展可提升脊柱灵活性、柔韧性，增强脊柱周围肌肉力量，使周身舒展，气血畅通。
	呼　吸： 步骤一、步骤六双臂向一侧摆举时吸气，步骤三、步骤八身体侧屈时呼气；步骤十一双臂上举时吸气，步骤十二双腿屈膝、双掌下按时呼气。
	易犯错误： 侧屈动作僵硬，上下肢动作不协调；左右移步不平稳。

第六式 摆臀势

基本要求

一、上身前俯时，从颈椎到胸椎、腰椎、骶椎逐节屈曲，起身时则相反，由骶椎到腰椎、胸椎、颈椎逐节伸直。

二、双脚呈马步下蹲时，脚尖向前，膝盖不要超过脚尖。

三、摆臀时保持重心稳定，双手与尾椎的方向相同。

四、双手在胸前合掌时，掌心中空。

五、动作幅度的大小，应根据个人身体状况而定。

一

二

接上式。从颈椎到胸椎、腰椎、骶椎依次前屈，使上身前俯约 45°；同时双臂向下伸展，手指向下，掌背相靠。

双腿逐渐伸直，上身挺起；双臂屈肘。

三

双手继续上提至颈部前方，双手由掌背到指尖逐渐向两侧分开，但保持指尖相接触。

四

指尖向上，掌心合拢，掌心虚空。

五

保持身体其他位置不变，双腿屈膝下蹲。

六

保持头颈直立，臀部向左摆，上身稍左转；同时双手保持合掌，推向左前方。

臀部收回，双手向胸前收回。

臀部向右摆，上身稍右转；同时双手保持合掌，推向右前方。

臀部收回，双手向胸前收回。

臀部向左摆动；同时双手左倾约 45°。

臀部顺时针由身体左侧向身前摆动；同时双手以腕部为轴，向身前顺
时针摆动；目随手转。

臀部和双手协同运动，双手顺时
针画圆至指向右侧；目随手转。

臀部和双手协同运动，双手顺时
针画圆至指向后侧；目随手转。

十四

臀部和双手协同运动，双手顺时针画圆至指向左侧；目随手转。

十五

臀部和双手协同运动，双手顺时针画圆至指向上方；目随手转。

十六

手腕下沉，双手竖起。

十七

保持头颈直立，臀部向右摆动；同时双手右倾约 45°。

臀部和双手协同运动，双手逆时针画圆至指向上方；目随手转。

臀部和双手协同运动，双手逆时针画圆至指向左侧；目随手转。

臀部和双手协同运动，双手逆时针画圆至指向后侧；目随手转。

臀部和双手协同运动，双手逆时针画圆至指向右侧；目随手转。

三十二

臀部和双手协同运动，双手逆时针画圆至指向上方；目随手转。

三十三

手腕下沉，双手竖起。

三十四

双掌由拇指至小指，逐渐分开，掌心向上；低头。

三十五

双手手指由小指到拇指依次内收，旋腕；目视前方。

双掌经腋下穿至身后，双手的手背贴于背部肩胛骨下方、脊柱两侧，指尖向下。

从背部中部向下推摩至环跳穴，同时双腿逐渐伸直。

三十八

双臂向身体两侧平举，掌心向上。

双手由侧平举状态继续上举至头顶上方，双臂微屈肘呈弧形，掌心斜向下。

双腿屈膝，双掌下按至腹前，距离腹部约 10 厘米。

功法提示	**功理作用：**	臀部摆动时，带动脊柱蠕动，提升脊柱灵活性，对内脏起到按摩作用，提升内脏功能；双手合掌在身前屈伸、旋转，提升上肢多处关节的灵活性。
	呼　吸：	步骤二至步骤四，双手在胸前翻转、合掌时吸气；步骤十一至步骤十五，步骤十八至步骤二十二，双手合掌在胸前画圆时，自然呼吸；步骤二十九双臂上举时吸气，步骤三十双腿屈膝、双掌下按时呼气。
	易犯错误：	双脚呈马步站立时，脚尖没有向前；上身前俯和抬起时，脊柱屈伸僵硬；摆臀时，双手与尾椎方向不一致；摆臀动作僵硬。

第七式 摩肋势

基本要求

一、上身前俯时，保持头部抬起。

二、上身前俯时，后摆手臂与水平面夹角约为 45°，但摆动幅度也要根据个人身体状况而定。

三、摩肋时，由上及下，经过髋关节。

四、转身抢臂时，用腰部的力量带动双臂。

（一）

接上式。双腿伸直，双臂向身体两侧打开，侧平举。

二

左脚内扣，脚尖抬起，向右转体；同时左手向左上方摆动，右手向右后方摆动。

三

左脚全脚着地，上身继续右转，整体右转约90°，右脚尖上翘；左臂继续向上举起，右臂摆向身体右后侧。

四

上身前俯，左腿屈膝，右腿伸直；左臂下划，左掌心轻贴右脚尖；右臂向后、向上划。

右臂向下屈肘，右掌收向右腋
下方。

上身起立，左臂向前、向上摆，掌
心向下。

七

重心后移，右脚后退一步，由脚尖至脚跟轻轻落地；右手先沿着右侧
腋中线向下摩运至大腿外侧，再向前、向上摆，左臂屈肘向后收，提
至左腋下方，约与胸等高。

（八）

重心继续后移，左脚后退一步，由脚尖至脚跟轻轻落地，左手先沿着左侧腋中线向下摩运至大腿外侧，再向前、向上摆，右臂向后、向下摆。

（九）

上身前俯，左腿屈膝，右腿伸直，脚尖上翘；左臂下划，左掌心轻贴右脚尖，右手向后、向上举，掌心向上。

右脚内扣，以脚跟为轴，向左拧转，最后内扣
着地，身体逐渐向左、向上拧转；右臂跟随身
体的拧转，向前摆，左手向上、向左画弧至头
部左上方，掌心向外；目随左手转。

身体继续向左拧转，完成180°转身，左脚
掌外旋45°，脚尖翘起；右手上摆至头部右
上方，左手下摆至身体左后方。

（十二）

上身前俯，右腿屈膝，左腿伸直；右臂下划，右掌心轻贴左脚尖，左手向后上举，掌心向上。

（十三）

左臂向下屈肘，左掌收向左腋下方。

（十四）

上身直立，右臂向前、向上摆，掌心向下。

（十五）

重心后移，左脚后退一步，由脚尖至脚跟轻轻落地；左手先沿着左侧腋中线向下摩运至大腿外侧，再向前、向上摆，右臂屈肘向后收，提至右腋下方，约与胸等高。

（十六）

重心继续后移，右脚后退一步，由脚尖至脚跟轻轻落地；右手先沿着右侧腋中线向下摩运至大腿外侧，再向前、向上摆，左臂向下、向后摆。

上身前俯，右腿屈膝，左腿伸直，脚尖上翘；右臂下划，右掌心轻贴左脚尖，左手向后、向上举，掌心向上。

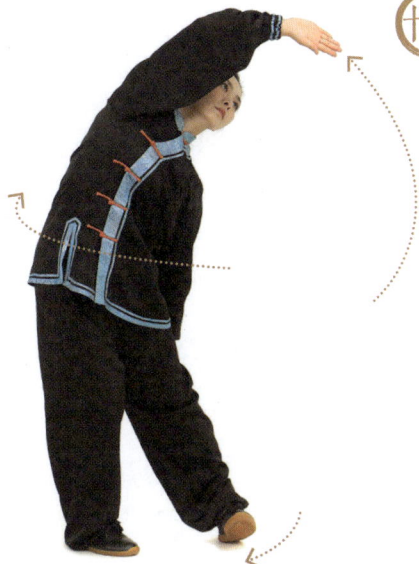

左脚内扣，以脚跟为轴，向右拧转，身体逐渐向右、向上拧转；左臂跟随身体的拧转，向前摆，右手向上、向右画弧至头部右上方，掌心向外；目随右手转。

身体回正，右手向右、向下划至身体右侧，平举，手臂外旋，掌心向上，左手向左、向上划至身体左侧，平举，手臂外旋，掌心向上。

二十

二十一

双手由侧平举状态继续上举至头顶上方，双臂微屈肘呈弧形，掌心斜向下。

双腿屈膝，双掌下按至腹前，距离腹部约 10 厘米。

功法提示

功理作用： 四肢动作提升身体协调性；抡臂、抚足、身体的屈曲和伸展动作，可提高身体的柔韧性和多处关节的灵活性，尤其是肩关节；双手在体侧摩运，以及脊柱的拧转，可刺激多处穴位，增强内脏功能。

呼　吸： 步骤一双臂向两侧平举时吸气；步骤二、步骤十双手抡臂转体时呼气；步骤七、步骤十五一手前摆、一手贴肋时呼气；步骤九、步骤十二俯身手掌贴脚尖时呼气；步骤二十双臂上举时吸气，步骤二十一双腿屈膝、双掌下按时呼气。

易犯错误： 转腰抡臂时，动作不协调，应以腰部力量带动双臂运动；俯身抚足时没有抬头。

第八式 飞身势

基本要求

一、提膝时，脚尖向下。

二、双臂在体侧画圆时，与身体夹角约为 45°。

三、双脚并拢时，保持双脚不动，重心稳定。

四、上步或退步、双臂画圆时，脊柱有轻微的前后屈曲伸展动作。

五、双臂画圆时，要连贯自然。

六、上步、退步平稳缓慢。

七、身体的拧转要以脊柱为中心。

（一）

接上式。重心右移，左腿提膝抬起，脚尖向下；双臂向身体两侧打开。

二

双臂微屈，继续向上摆，双手掌心向下，稍高于头部。

三

左脚向前落下，重心前移；双臂以肩部为轴，向前、向下摆动画圆，保持掌心向下。

四

重心左移，右腿提膝抬起，脚尖向下；双臂向后、向上摆动画圆。

五

双臂微屈，继续向后、向上摆，双手掌心向下，稍高于头部。

六

七

右脚下落，与左脚并步，屈膝；双臂以肩部为轴向前、向下摆动画圆，保持掌心向下。

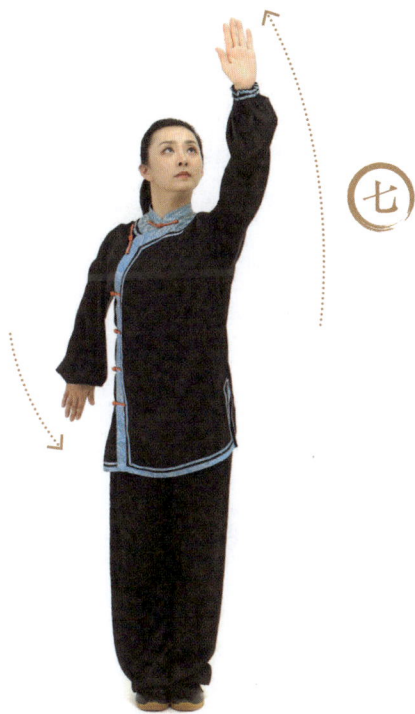

双腿逐渐伸直，身体直立；左手向前上方约 45° 画弧至头部左上方，掌心向前，右臂内旋，右手向后、向下划至身体右后方，掌心向后；目视左手方向。

保持双腿并立，稍屈膝，上身右转；左臂外旋，掌心向后；头部向右平转。

上身左转，身体回正；左臂向左、向下摆至侧平举，掌心向下，右臂向右、向上摆至侧平举，掌心向下。

十

双腿屈膝下蹲；双臂以肩部为轴，向前、向下摆动至与肚脐同高，掌心向下。

十一

重心左移，右腿提膝抬起，脚尖向下；双臂向身体两侧打开。

十二

双臂微屈，继续向上摆，双手掌心向下，稍高于头部。

十三

右脚向后落下，重心前移；双臂以肩部为轴向前、向下摆动，保持掌心向下。

十四

十五

重心后移，左腿伸开，右腿屈膝。

重心右移，左腿提膝抬起，脚尖向下；双臂向身体两侧打开。

（十六）

（十七）

双臂微屈，继续向上摆，双手掌心向下，稍高于头部。

（十八）

左脚下落，与右脚并步，屈膝；双臂以肩部为轴向前、向下摆动，保持掌心向下。

双腿逐渐伸直，身体直立；右手向前上方约 45° 画弧至头部右上方，掌心向前，左臂内旋，左手向后、向下划至身体左后方，掌心向后；目视右手方向。

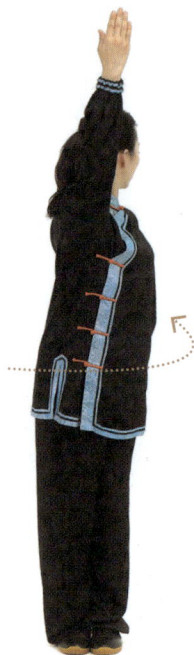

保持双腿并立，稍屈膝，上身左转；右臂外旋，掌心向后；头部向左平转。

上身右转，身体回正；右臂向右、向下摆至侧平举，掌心向下，左臂向左、向上摆至侧平举，掌心向下；随后，两臂外旋，掌心向上。

功法提示

功理作用： 双臂摆动和脊柱的蠕动、旋转，使周身舒展，气血畅通，为收势做好准备；脊柱的运动提升脊柱灵活性；胸腹部位的上提、下落对内脏起到按摩作用。

呼　　吸： 单腿提膝、双臂上举时吸气；双臂下摆时呼气；步骤七、步骤十八双腿伸膝直立时吸气，步骤八、步骤十九上身后转时呼气；步骤九、步骤二十身体回正时吸气。

易犯错误： 双脚并拢时重心不稳；转头扭腰动作不协调；上步、退步动作过快。

|收势|

基本要求

一、整个动作过程中，保持身体中正。

二、双手上举、下按动作稳定、流畅、轻柔。

三、练功结束后，可进行搓手、洗脸、按摩腹部、叩击牙齿
等动作，进一步放松身体。

（一）

（二）

接上式。双手上举至头顶上方，双
臂微屈肘呈弧形，掌心斜向下。

自然站立，双手下按至胸前，
掌心向下。

双手下按至膈肌位置时，双臂外旋，掌心向内，继续向下至腹前，指尖相对。

双手向两侧分开，自然垂放于身体两侧。健身气功大舞套路演示完毕。

功法提示

功理作用： 从练功状态进入平时状态，心神归于平静。

呼　吸： 步骤 **一** 双手上举时吸气，步骤 **二** 双手下按时呼气。

易犯错误： 双手下按时，掌心没有转向身体；双手上举、下按动作过快，或过于僵硬。